MINECRAFT

MOJANG

rily.co.uk

Cyhoeddwyd gyntaf yn Gymraeg gan Rily Publications Ltd, Blwch Post 20, Hengoed CF82 7YR
Hawlfraint yr addasiad © Rily Publications Ltd 2014

Cyhoeddwyd gyntaf yn y DU yn 2014 o dan y teitl *Minecraft Combat Handbook* gan
Egmont UK Limited, The Yellow Building, 1 Nicholas Road, London W11 4AN

Awdur: Stephanie Milton, gyda chymorth Paul Soares Jr, FyreUK a CNB Minecraft.
Testun Cymraeg: Bethan Mair a Luned Whelan gyda chymorth Iestyn Cai Evans, Aled Llŷr Evans a Dafydd Furnham.

Dyluniwyd gan Andrea Philpots
Dyluniad cysyniadol gan Steffan Glynn
Darluniau gan Theo Cordner a FyreUK
Cynhyrchu gan Louis Harvey a Caroline Hancock

© 2014 Notch Development AB

Mae 'Minecraft' yn nod masnach Notch Development AB

Cedwir pob hawl

Rhif rhyngwladol 978-1-84967-204-7
Argraffwyd yn yr Eidal

**Bydd yn ddiogel ar-lein. Mae cyfeiriad unrhyw wefan a restrir yn y llyfr hwn yn gywir wrth
i'r llyfr fynd i'r wasg. Nid yw Rily'n gyfrifol am unrhyw gynnwys trydydd parti Mae'n bwysig
nodi y gall cynnwys ar-lein newid ac y gall gwefannau gynnwys deunydd anaddas i blant.
Rydym yn argymell y dylai plant gael eu goruchwylio gan oedolyn wrth ddefnyddio'r rhyngrwyd.**

MINECRAFT

MOJANG

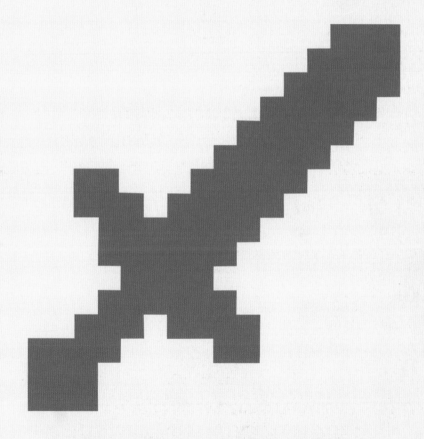

LLAWLYFR YMLADD

CYNNWYS

CYFLWYNIAD

CROESO I LAWLYFR YMLADD SWYDDOGOL MINECRAFT – DARLLEN HANFODOL I YMLADDWYR!

Mae'r llyfr hwn yn llawn awgrymiadau gan arbenigwyr Minecraft, fel y prif adeiladwr FyreUK, y seren YouTube Paul Soares Jr ac arbenigwr Redstone CNB Minecraft.

Dysga sut i amddiffyn dy gartref, adeiladu caer, ymladd bwystfilod, gosod maglau, llwyddo yn null PVP (chwaraewr yn erbyn chwaraewr), osgoi marw yn yr Isfyd a brwydro yn erbyn draig y darfod yn y Diwedd.

Gyda chymorth y llawlyfr hwn byddi di'n ymladdwr Minecraft o'r radd flaenaf mewn dim o dro!

TIP: CHWARAE'N DDIOGEL AR-LEIN

Mae chwarae Minecraft ar weinydd aml-chwaraewr yn lot o hwyl! Dyma rai rheolau syml i dy gadw'n ddiogel a sicrhau bod byd Minecraft yn lle gwych i ti dreulio amser.

- Paid â rhoi dy enw iawn i neb, na'i roi fel enw defnyddiwr.
- Paid â rhoi dy fanylion personol i neb.
- Paid â dweud wrth neb i ba ysgol wyt ti'n mynd na beth yw dy oedran.
- Paid â rhoi dy gyfrinair i neb heblaw rhiant neu warcheidwad.

ARFAU SYLFAENOL

DEFNYDDIR ARFAU I NIWEIDIO CHWARAEWYR ERAILL NEU FOBIAU, NEU I RWYSTRO YMOSODIAD. MAE SAWL ARF SYLFAENOL SY'N HANFODOL I STORDY ARFAU POB YMLADDWR.

CLEDDYF

Am ei fod mor finiog, cleddyf yw'r arf gorau mewn ymladd agos / melee. Gellir gwneud cleddyf o 1 ffon a 2 ddarn o bren, carreg gron, haearn tawdd, aur tawdd neu ddiemwntau.

Cleddyfau diemwnt sy'n para orau ac yn gwneud y niwed mwyaf, ond mae diemwnt yn un o'r mwynau anoddaf i'w ddarganfod yn Minecraft, am ei fod yn cael ei ffurfio'n ddwfn o dan y ddaear. Os nad oes gen ti ddiemwntau, gwna gleddyf o'r elfen gryfaf sydd gen ti.

TABL CRYFDER CLEDDYFAU

DEUNYDD	Pren ⚔	Carreg ⚔	Haearn ⚔	Aur ⚔	Diemwnt ⚔
CRYFDER	60	132	251	33	1562
LEFEL NIWED ♥	5	6	7	5	8
LLADD TUR	15–24	39–66	87–138	8–13	624–1015
NIWED OES ♥	150–240	396–660	878–1380	82–132	6248–10153

RYSÁIT CLEDDYF PREN

Arf gychwynnol wych, ond bydd angen uwchraddio'n fuan.

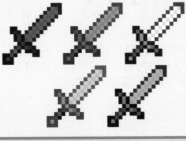

RYSÁIT CLEDDYF CARREG GRON

Mae'n fwy miniog a gwnaiff yn iawn nes bydd gen ti fwynau prin.

RYSÁIT CLEDDYF HAEARN

Dyna welliant! Bydd cleddyf haearn yn para am amser hir.

RYSÁIT CLEDDYF AUR

Dydy cleddyf aur ddim yn gryf iawn, ond dyma'r hawsaf i'w swyno.

RYSÁIT CLEDDYF DIEMWNT

Yr arf ymladd gorau i chwaraewr sy'n bwriadu bod yn ben.

CYNNAL A CHADW CLEDDYF

Mae modd ailenwi a thrwsio cleddyf ar einion. Cer at dy einion, rhoi'r cleddyf yn yr hollt gyntaf, yna ychwanegu ail gleddyf i'w drwsio, neu newid y testun i'w ailenwi. Bydd y gost mewn pwyntiau profiad yn ymddangos ar y gwaelod.

RYSÁIT EINION

Gellir saernïo einion allan o 3 bloc haearn a 4 bar haearn.

TRWSIO AC ENWI

Cleddyf Tynged

Cost Swyniant: 7

ARFAU SYLFAENOL
... PARHAD

BWA A SAETH

Prif fantais bwa a saeth yw fod modd eu defnyddio o bell, yn wahanol i gleddyf, ac aros y tu hwnt i gyrraedd ymosodiad gan y gelyn.

RYSÁIT BWA

Gellir saernïo bwa o 3 ffon a 3 darn o gortyn.

Cryfder: 385

RYSÁIT SAETH

4

Gellir saernïo saethau o fflint (drwy gloddio grafel), ffon a phluen (sy'n disgyn oddi ar ieir sydd ar fin marw).

Gall bwa a saeth wedi'u gwefrio achosi 9 pwynt niwed fesul trawiad. I wefrio d fwa, gwasga'r botwm defnyddio eitem nes ei fod yn dechrau crynu. Bydd hyn y gwneud i'r saethau fynd yn bellach ac achosi'r niwed mwyaf. Dim ond 1 eilia mae'n cymryd i wefrio'n llawn, sy'n ddefnyddiol iawn mewn brwydr.

WYDDOST TI?

Gellir swyno bwa â sawl effaith wahanol, fel dad-dorri, pwnio a fflamio. Tro at dud. 38–41 am ragor o wybodaeth am swyno.

SWYNO

⬡⬡⬡ ⬡⬡⬡⬡ ⬡⬡⬡⬡ ⬡⬡⬡⬡⬡⬡⬡	6
⬡⬡⬡⬡ ⬡⬡⬡⬡ ⬡⬡⬡⬡⬡⬡	8
⬡⬡⬡⬡⬡ ⬡⬡⬡⬡⬡ ⬡⬡⬡⬡⬡ ⬡⬡⬡⬡⬡	8

CYFLENWR

Fel mae'r enw'n awgrymu, peiriant sy'n storio ac yn cyflenwi eitemau yw hwn. Gellir ei ddefnyddio i saethu saethau, wyau a pheli eira, ac i sblasio diod hud at dy elynion. Gall ddal hyd at 9 pentwr o 64 eitem.

RYSÁIT CYFLENWR

Gellir saernïo cyflenwr o garreg gron, llwch carreg goch a bwa.

RYSÁIT LIFER

Nesa, cysyllta'r cyflenwr wrth lifer â llwch carreg goch. Gellir saernïo lifer ag 1 garreg gron a ffon.

Cer at y cyflenwr a llusga'r eitemau rwyt ti eisiau i mewn i'r 9 slot sy'n ymddangos. Rwyt ti'n barod i ddefnyddio dy gyflenwr.

Tafla'r lifer i weithredu'r cyflenwr, a bydd yr arfau ddewisaist ti'n saethu allan. Gwna'n siŵr ei fod yn wynebu'r ffordd iawn!

11

ARFAU SYLFAENOL
... PARHAD

FFLINT A DUR

Dyma arf defnyddiol sy'n dy alluogi i wneud tân, a gelli ei ddefnyddio fel ar yn erbyn dy elynion. Unwaith mae wedi'i saernïo, dewis hwn yn dy far brys a danio ar floc tanio. Anela at y bloc o dan draed dy elyn neu un sy'n union yr ei lwybr, a chei di wared arno'n fuan.

RYSÁIT FFLINT A DUR

Gellir saernïo fflint a dur o fflint a bar haearn.

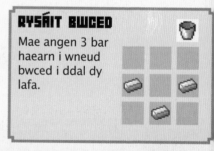

BWCED LAFA

Gellir defnyddio bwced lafa i niweidio sawl gelyn ar unwaith, am ei bod yr arllwys lafa ar draws eu llwybr neu'n ei ollwng ar eu pen. Dere o hyd i'r lafa, yna dewis y bwced yn dy far brys a'i ddefnyddio i gasglu'r lafa. I gyfeirio'r lafa, rho'r bwced yn y man priodol.

RYSÁIT BWCED

Mae angen 3 bar haearn i wneud bwced i ddal dy lafa.

 RHYBUDD: Mae'n hawdd llosgi dy hun a dy gynefin wrth ddefnyddio tân neu lafa. Cadwa fwcedaid o ddŵr yn dy far brys i ddiffodd unrhyw danau damweiniol.

TNT

ania'r TNT â fflint a dur, tân, cerrynt carreg goch neu ffrwydryn arall sydd ar
ael. Os wyt ti'n ei danio â fflint a dur, cofia ddianc yn gyflym iawn, neu byddi
i'n ffrwydro gyda'r TNT!

RYSÁIT TNT

Saernïa floc o TNT
allan o 5 powdr
gwn a 4 bloc o
dywod.

TNT: Ffordd syml ond effeithiol o ddinistrio canolfan y gelyn.

ARFWISGOEDD

Mae angen arfwisgoedd ar ymladdwyr Minecraft i'w diogelu rha ymosodiadau a niwed, yn enwedig wrth ymladd chwaraewyr erail Mae set gyflawn yn cynnwys helmed, tarian frest, trowsus ac esgidiau

Gellir saernïo arfwisg o ledr, aur, haearn neu ddiemwnt. Mae modd cael gafael a arfwisg gadwyn drwy fasnachu â phentrefwyr weithiau, neu os yw mob yn ei gollwn pan fydd ar fin marw. Mae pob deunydd yn cynnig lefel wahanol o ddiogelwch.

RYSÁIT HELMED

Saernïa helmed â 5 uned o dy ddeunydd dethol.

RYSÁIT TARIAN FREST

Gellir saernïo tarian frest ag 8 uned.

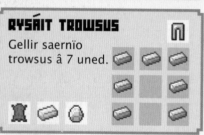

RYSÁIT TROWSUS

Gellir saernïo trowsus â 7 uned.

RYSÁIT ESGIDIAU

Saernïa esgidiau â 4 uned.

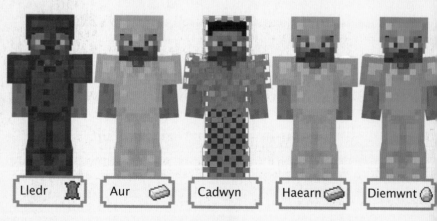

Lledr   Aur   Cadwyn   Haearn   Diemwnt

ydd arfwisg yn dy warchod rhag y niwed canlynol:

Cyrch mob	Saethau	Ffrwydradau
Eraill	Tân a lafa	Cacti

PWYNTIAU AMDDIFFYN

Mae pwynt amddiffyn yn gyfwerth â hanner tarian frest yn dy far arfwisg.
Mwyaf i gyd o bwyntiau amddiffyn sydd gan dy arfwisg, mwyaf i gyd o niwed
bydd yn ei wrthsefyll yn ystod ei oes. Er enghraifft, bydd arfwisg ddiemwnt
gyflawn yn dy warchod rhag 80% o niwed, o'i gymharu â'r 60% a geir gan
arfwisg haearn gyflawn.

TABL PWYNTIAU AMDDIFFYN

MATH	ARFWISG GYFLAWN	HELMED	BREST	COES	ESGIDIAU
Lledr	🛡🛡🛡🛡	🛡	🛡🛡	🛡	🛡
Aur	🛡🛡🛡🛡🛡🛡	🛡	🛡🛡🛡	🛡🛡	🛡
Cadwyn	🛡🛡🛡🛡🛡🛡	🛡	🛡🛡🛡	🛡🛡	🛡
Haearn	🛡🛡🛡🛡🛡🛡🛡🛡	🛡	🛡🛡🛡	🛡🛡🛡	🛡
Diemwnt	🛡🛡🛡🛡🛡🛡🛡🛡🛡🛡	🛡🛡	🛡🛡🛡🛡	🛡🛡🛡	🛡🛡

 WYDDOST TI? Mae modd lliwio arfwisg ledr drwy ei saernïo â lliw o dy ddewis di. Ychwanega'r eitem o'r arfwisg i dy ardal saernïo, ynghyd â'r lliw.

 TIP: Mae'n syniad da cadw arfwisg gyflawn sbâr wrth gefn, yn enwedig os wyt ti'n chwarae PVP. Wedyn, os caiff dy arfwisg gyfredol ei dinistrio, gwisga'r un newydd ac ailgydio yn y frwydr.

YMLADD MOB

Ymladd yn erbyn bwystfilod cas yw'r ffordd orau o arfogi dy hun a[r] gyfer rhagor o ymladd! Edrychwn ni ar fobiau'r Uwchfyd cyn mentro i'r Isfyd a'r Diwedd.

PYSGOD ARIAN

IECHYD: 8 ♡♡♡♡

CRYFDER YMOSOD: 1

DULL YMOSOD: rhedeg neu neidio amdanat, a dy niweidio drwy dy gyffwrdd a dy wthio o gwmpas. Gall ymosod ar 1 pysgodyn arian ddeffro rhai eraill cyfagos, ac mae perygl i ti gael dy heidio ganddynt.

TARDDIAD: wyau bwystfil / tarddwyr yng nghadarnle'r gelyn. Yn llai cyffredin, o dan y ddaear mewn biomau bryniau eithafol, pan fydd bloc pysgod arian yn chwalu.

NIWEIDIR GAN: Lafa, Grafel

COFIA

Adeiladu colofn 2 floc o uchder i ymosod ar y pysgod arian oddi uchod.

PAID

Defnyddio diodydd hud sblash. Bydd y pysgod arian yn dy heidio.

CORRYN

IECHYD: 16

CRYFDER YMOSOD: 2-3 ♡ - ♡♡

DULL YMOSOD: neidio atat a dy daro, a dy niweidio nes dy fod yn marw. Dim ond yn y gwyll mae'n fygythiad. Unwaith mae'n fygythiad, bydd yn aros felly, hyd yn oed yng ngolau dydd.

TARDDIAD: yn yr Uwchfyd mewn lefel golau 7 neu'n is.

NIWEIDIR GAN:

Lafa, Cacti, TNT, Tân, Syrthio

MAE'N GOLLWNG:

0-2 gortyn, a ddefnyddir i ffurfio bwa.

0-1 llygad corryn, i'w ddefnyddio mewn diod hud.

COFIA

Ceisia gyrraedd tir uwch na'r corryn, wedyn galli di ymosod arno dro ar ôl tro, a'i rwystro rhag neidio i dy lefel di.

PAID

Gadael i'r corryn gyrraedd tir uwch. Bydd hyn yn rhoi cyfle iddo neidio arnat ti oddi uchod.

SLEIM

IECHYD: Mawr: 16 ♡♡♡♡♡♡♡♡ Canolig:4 ♡♡
Pitw: 1 ◖

CRYFDER YMOSOD: Mawr: 4 ♡♡Canolig: 2 ♡ Pitw: 0

DULL YMOSOD: hercian tuag atat a tharo yn dy erbyn dro ar ôl tro nes dy fod yn marw.

TARDDIAD: islaw lefel 40 mewn talpiau penodol, mewn unrhyw lefel golau. Mewn biomau corslyd rhwng lefelau 51 a 69, mewn lefel golau 8 neu'n is.

NIWEIDIR GAN:

Lafa, Cacti, TNT, Tân, Syrthio, Dŵr

MAE'N GOLLWNG: ◯ Mae sleim pitw'n gollwng 0–2 belen sleim, sy'n ddefnyddiol i wneud eli magma ar gyfer diodydd hud.

COFIA

Eu harwain at ddŵr. Dyw sleim ddim yn gallu nofio, a bydd yn boddi os na all ddianc. Maen nhw'n llosgi mewn lafa, felly gorfoda nhw i mewn iddo.

PAID

Cael dy gornelu gan haid o sleim mewn ogof. Buan iawn y gwnaiff niwed mawr i ti mewn gofod cyfyng.

CREEPER

IECHYD: 20 ♡♡♡♡♡♡♡♡♡♡

CRYFDER YMOSOD: 49 (arferol) ♡ ✕ 24.5
ac 97 (wedi'i wefrio) ♡ ✕ 48.5

DULL YMOSOD: rhedeg tuag atat a ffrwydro yn dy wyneb.

TARDDIAD: yn yr Uwchfyd mewn lefel golau 7 neu'n is, ond ddim ar flociau tryloyw fel gwydr. Dydyn nhw ddim yn marw gyda'r wawr.

NIWEIDIR GAN:

Lafa, Cacti, TNT, Tân, Syrthio, Cleddyf diemwnt, Bwa a saeth

CER Â:  Cath, Oselot

Fyddai oselot na chath ddof ddim yn brifo neb, ond bydd creepers yn ffoi am eu bywyd o weld un.

MAE'N GOLLWNG: 🔹 Bydd creepers yn gollwng 0-2 ddarn o bowdr gwn, sy'n ddefnyddiol i wneud TNT a pheli tân.

COFIA	PAID

Cadwa'n ddigon pell i fod yn ddiogel rhag eu ffrwydrad. Ymosod arnynt â bwa a saeth cyn troi at arfau melee.	Mynd yn rhy agos atynt, yn enwedig os clywi di sŵn hisian. Ceisia osgoi ymladd agos – mae siawns y cei dy ffrwydro'n rhacs.

SGERBWD

IECHYD: 20 ♡♡♡♡♡♡♡♡♡♡

CRYFDER YMOSOD: 2-6 ♡ - ♡♡♡

DULL YMOSOD: saethu atat â bwa a saeth.

TARDDIAD: yn yr Uwchfyd mewn lefel golau 7 neu'n is, ond nid ar flociau tryloyw fel gwydr neu hanner blociau.

NIWEIDIR GAN:

Lafa, Cacti, TNT, Tân, Syrthio, Golau dydd, Diod hud sblash gwella

MAE'N GOLLWNG:

0-2 saeth, bwa (yn anaml – gall fod swyn arno), darnau arfwisg (yn anaml, ond os oes rhai ganddo, gall fod swyn arnynt).

COFIA

Defnyddia'i arf ei hun yn ei erbyn a'i saethu o bell â bwa a saeth.

PAID

Gadael iddo afael mewn arfwisg pen. Os yw'n gwisgo helmed neu bwmpen, bydd yn ddiogel rhag yr haul.

SOMBI

IECHYD: 20   ♡♡♡♡♡♡♡♡♡♡

CRYFDER YMOSOD: 2-9 ♡ - ♡♡♡♡♥

DULL YMOSOD: crwydro atat a dy gyffwrdd i dy niweidio nes dy fod yn marw.

TARDDIAD: yn yr Uwchfyd, mewn lefel golau 7 neu'n is, ond nid ar flociau tryloyw fel gwydr.

NIWEIDIR GAN:

Lafa, Cacti, TNT, Tân, Syrthio, Diod hud sblash gwella

MAE'N GOLLWNG:

Cleddyf haearn ac arfwisg amrywiol (anaml, os o gwbl) all fod yn ddefnyddiol os wyt ti'n brin o nwyddau.

COFIA

Ceisia'u denu at olau'r haul os ydyn nhw'n stelcian yn y cysgod pan ddaw'r dydd. Wnân nhw ddim para'n hir!

PAID

Mynd yn sownd mewn coridor hir. A phaid â gadael i sombi godi arfwisg at ei ben, fydd yn ei arbed rhag llosgi yn yr haul.

GWRACH

IECHYD: 26

DULL YMOSOD: bydd yn taflu diod hud sblash gwenwyn, gwendid, difa ac arafu atat.

TARDDIAD: yn y gwyll, yn aml mewn cytiau gwrachod.

NIWEIDIR GAN:

Diod hud sblash gwenwyn a niwed (ond maen nhw 85% yn drech na'r rhain), saethau.

MAE'N GOLLWNG:

0-6 powdr gwn i wneud TNT, 0-6 llygad corryn sy'n ddefnyddiol mewn diodydd hud, diodydd hud (yn anaml).

COFIA

Defnyddia fwa a saeth i ladd gwrach er mwyn cadw dy bellter wrth ei diod hud sblash.

PAID

Rhoi gwrach ar dân â lafa na thân achos bydd hi'n yfed diod hud wrth-dân.

22

DARFODWR

IECHYD: 40 ♡♡♡♡♡♡♡♡♡♡ ♡♡♡♡♡♡♡♡♡♡

CRYFDER YMOSOD: 4-10 ♡♡ - ♡♡♡♡♡

DULL YMOSOD: teleportio tuag atat, dy guro a dy niweidio nes dy fod yn marw.

TARDDIAD: yn yr Uwchfyd mewn lefel golau 7 neu'n is, ac mewn niferoedd mawr yn y Diwedd.

NIWEIDIR GAN:

Lafa, Cacti, TNT, Tân, Syrthio, Dŵr

MAE'N GOLLWNG: 0-1 perl y darfod (hanfodol i gyrraedd y Diwedd).

COFIA

Rhed at y dŵr neu'r lafa agosaf a rhoi dy gefn yn erbyn wal i'w rwystro rhag teleportio tu ôl i ti. Os caiff darfodwr niwed gan ddŵr neu lafa, bydd yn dychwelyd i gyflwr niwtral.

PAID

Edrych yn syth ar ddarfodwr yn uwch na phen ei goesau – mae hyn yn arwydd o elyniaeth.

YMLADD YN YR ISFYD

TByd uffernol yw'r Isfyd. Mae modd mynd iddo drwy greu porth i'r Isfyd yn yr Uwchfyd. Mae'r daith yn werth chweil achos galli di gasglu nifer o eitemau defnyddiol yno sy ddim ar gael yn unman arall.

Bydd angen o leiaf 10 bloc obsidian arnat ti i adeiladu porth i'r Isfyd. Unwaith byddi di wedi gwneud, defnyddia fflint a dur neu belen dân i'w gychwyn, a neidio drwyddo!

PORTH YR ISFYD

Gellir saernïo porth cyflawn i'r isfyd ag 14 bloc obsidian. Os wyt ti'n brin, arbeda 4 bloc a thorri'r corneli. Bydd yn dal i weithio!

Cyn mynd i'r Isfyd, arfoga dy hun â:

 Arfwisg hud

 Arfau hud

 Sawl pentwr o flociau cerrig crwn i greu llwybrau diogel ac adeiladu wal i amddiffyn dy borth.

 Fflint a dur (bydd angen hwn i ailgynnau dy borth i'r Isfyd os caiff ei ddinistrio)

|  Tortshys, Bwyd

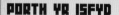 **WYDDOST TI?** Yn y fersiwn PC / Mac, mae 1 bloc yn yr Isfyd yn werth 8 bloc yn yr Uwchfyd, felly mae modd defnyddio'r Isfyd fel llwybr chwim i deithio'n bell yn gyflym – os galli di ddelio â'r perygl, hynny yw! Yn y fersiwn Xbox 360, mae cyfyngiad ar faint yr Isfyd, ac mae 1 bloc yn werth 3 yn yr Uwchfyd. Does dim Isfyd yn y fersiwn poced ar hyn o bryd.

GHAST

IECHYD: 10 ♥♥♥♥♥

CRYFDER YMOSOD: 17 max ♥♥♥♥♥♥♥♥♥

DULL YMOSOD: saethu pelenni tân.

TARDDIAD: yn yr Isfyd, mewn gofod sy'n mesur o leiaf 5 x 5 x 4 bloc.

NIWEIDIR GAN:

ei arf ei hun. Tafla'r peli tân yn syth yn ôl ato gydag un o dy arfau di

MAE'N GOLLWNG: 🔵 💧

0-2 powdr gwn i wneud TNT, 0-1 deigryn ghast, sy'n ddefnyddiol mewn diod hud.

COFIA

Ceisia fachu ghast â dy wialen bysgota, ei dynnu tuag atat a'i ladd â chleddyf.

PAID

Anghofio pa mor bell gall pelen dân ghast deithio. Fe gei di dy synnu!

CIWB MAGMA

IECHYD: Mawr: 16 ♥♥♥♥♥♥♥♥ Canolig:4 ♥♥
Pitw: 1 ◖

CRYFDER YMOSOD: Mawr: 6 ♥♥♥ Canolig: 4 ♥♥ Pitw: 3 ♥◖

DULL YMOSOD: hercian tuag atat, bwmpio yn dy erbyn a dy niweidio nes dy fod yn marw.

TARDDIAD: yn yr Isfyd.

NIWEIDIR GAN:

Boddi mewn dŵr

MAE'N GOLLWNG: ciwbiau mawr a chanolig: 0–1 diferyn o eli magma, sy'n ddefnyddiol mewn diodydd hud.

COFIA

Ceisia eu taro yn yr awyr. Fe allet ti eu taro'n ôl dros ymyl y dibyn fel hyn.

PAID

Mentro ymosod ar giwb magma mawr â chleddyf yn unig. Iawn ar gyfer rhai pitw a chanolig, ond nid rhai mawr.

FFLACH-DÂN

IECHYD: 20 ♡♡♡♡♡♡♡♡♡♡

CRYFDER YMOSOD: 3-9 ♡◑-♡♡♡♡♡

DULL YMOSOD: saethu pelenni tân; ei rhoi ei hun ar dân os yw'n agos atat.

TARDDIAD: cadarnleoedd yn yr Isfyd.

NIWEIDIR GAN:

Peli eira, Dŵr

MAE'N GOLLWNG: 0-1 ffon fflach-dân, sy'n ddefnyddiol mewn diod hud.

COFIA

Yfa ddiod hud wrth-dân i amddiffyn dy hun – mae tân yn elfen o bob ymosodiad. I ddiffodd fflach-dân, tafla beli eira i'w gwanhau, a'i lladd â dy gleddyf.

PAID

Mentro ymladd un â chleddyf yn unig. Mae'n gallu hedfan a gwneud niwed o bell, felly buan iawn laddan nhw di mewn ymladd melee.

SGERBWD WITHER

IECHYD: 20 ♡♡♡♡♡♡♡♡♡♡

CRYFDER YMOSOD: 4-10 ♡♡ - ♡♡♡♡♡

DULL YMOSOD: dy daro â chleddyf, sy'n rhoi effaith wither arnat ti am 10 eiliad. Byddi di'n gwybod bod hyn wedi digwydd achos bydd dy far iechyd yn troi'n ddu, ac fe gei niwed dros amser oherwydd ei effaith fel gwenwyn.

TARDDIAD: ger cadarnleoedd yn yr Isfyd, mewn lefel golau 7 neu'n is.

NIWEIDIR GAN:

Cleddyfau diemwnt ag arnynt swyn miniogrwydd, taro neu ysbeilio

MAE'N GOLLWNG: Cleddyf carreg (yn anaml), penglogau ysgerbydau wither (yn anaml)

COFIA

Ceisia gael dy hun mewn gofod 2 floc o uchder – fydd y sgerbwd yn methu dy ddilyn. Wedyn galli di ymosod arno a symud 'nôl yn ddiogel.

PAID

Mynd yn rhy agos. Rhaid bod o fewn cyrraedd cleddyf y sgerbwd wither iddo ymosod arnat.

MOCHDDYN SOMBI

IECHYD: 20 ♡♡♡♡♡♡♡♡♡♡

CRYFDER YMOSOD: 5–13
♡♡♡–♡♡♡♡♡♡♡

DULL YMOSOD: mae mochddyn sombi'n niwtral nes i ti ymosod arno. O'i herio, bydd yn dy daro â'i gleddyf a dy niweidio nes dy fod yn marw.

TARDDIAD: unrhyw ofod 2 floc o uchder yn yr Isfyd.

NIWEIDIR GAN:

Boddi mewn dŵr

MAE'N GOLLWNG:

Cleddyf aur (yn anaml – gall fod swyn arno), bariau aur (yn anaml), y gellir eu defnyddio i wneud arfwisg ac arfau aur.

COFIA

Ymosod o bell â bwa a saeth hud, a cheisio eu lladd un ar y tro.

PAID

Ymosod ar un os oes rhai eraill gerllaw. Fe allet ti gael dy heidio ganddynt.

WITHER

Bòs mob fel draig y darfod (gweler tud. 34–37) yw wither. Chwaraewyr sy'n ei greu, a gellir ei saernïo o 4 bloc tywod enaid mewn siâp T a 3 phenglog sgerbwd wither ar ei ben. Rhaid i ti osod penglog yn olaf, neu wnaiff y wither ddim tarddu...

IECHYD: 300 ♥ ✕150

CRYFDER YMOSOD: 5–12 ♥♥♥ – ♥♥♥♥♥♥

DULL YMOSOD: taflu penglogau wither, sy'n achosi effaith wither (gwenwyn all dy ladd di) wrth gyffwrdd â chwaraewr.

TARDDIAD: yn yr Uwchfyd, pan fydd chwaraewr yn creu un.

ARFAU:

Cleddyf diemwnt â swyn arno ynghyd â diodydd hud sblash a bwa â swyn arno.

NIWEIDIR GAN: Diodydd hud, Arfau

CER Â: golemau eira, fydd yn ymosod ar y wither a thynnu'i sylw. I wneud golem, rho bwmpen ar ben 2 floc eira sydd ar ben ei gilydd.

MAE'N GOLLWNG: 1 seren yr Isfyd, sy'n gallu adeiladu goleuwr – bloc sy'n ffynhonnell dda o olau ac sy'n rhoi pŵer i chwaraewyr. O'i roi ar ben pyramid, mae'n rhoi byffiau i chwaraewyr o fewn cylch penodol.

STRATEGAETH: Paratoi, paratoi, paratoi! Paid â meddwl creu wither nes dy fod yn gwisgo arfwisg ac yn cario'r arfau cywir.

COFIA

Ceisio creu'r wither mewn gofod cyfyng, o dan y ddaear os yw'n bosib, i ddiogelu dy eiddo.

PAID

Anghofio dy ddiodydd hud nerth a gwellhad cyflym – bydd eu hangen arnat!

CYRRAEDD Y DIWEDD

Tafod brawychus o dir yng nghanol dimensiwn gofodol o'r enw'r Gwagle yw y Diwedd. Mae'n hollol ddiffrwyth, bron, ond dyma ble mae darfodwyr a draig y darfod frawychus yn byw.

Os galli di drechu draig y darfod, bydd dy wobr yn fawr, felly mae'r daith yn un werth chwail. Tra wyt ti yno, galli di gasglu carreg y Darfod, sy'n gwrthsefyll ffrwydron yn dda. I fynd yno, bydd angen porth y Diwedd arnat ti. Ceir y rhain mewn ystafelloedd porth o fewn cadarnleoedd. I ddod o hyd i'r cadarnle agosaf atat ti, bydd angen sawl llygad y darfod arnat, ac yna hyd at 12 yn rhagor i'w gychwyn.

RYSÁIT LLYGAD Y DARFOD

Saernïa lygad y darfod â pherl y darfod a phowdr fflach-dân (a wneir o ffyn fflach-dân a ollyngir gan fflachdanau yn yr Isfyd)

1

Defnyddia lygad y darfod a bydd yn hedfan i ffwrdd i'r awyr cyn disgyn yn ôl i'r ddaear. Cer ar ôl y llygad, ei godi a gwneud y cyfan eto. Mae 1 o bob 5 yn chwalu wrth ddisgyn – dyna pam mae angen sawl un arnat.

2

Ymhen amser, bydd y llygad yn disgyn ar yr un darn o dir dro ar ôl tro. Dyma ble mae'r cadarnle, a bydd angen palu dy ffordd i mewn iddo. Cofia Brif Reol Minecraft: paid byth â phalu'n syth i lawr neu gallet ddisgyn i'r lafa yng nghanol y porth.

Unwaith rwyt ti yn y cadarnle, cer i borth y Diwedd – pwll o lafa wedi'i amgylchynu â blociau porth. Bydd yn rhaid cychwyn 12 bloc porth y Diwedd â llygaid darfod cyn iddo weithio.

4

Pan fydd y porth yn weithredol, neidia drwy'r canol a byddi yn y Diwedd. Pob lwc!

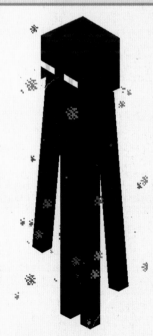

DRAIG Y DARFOD

Unwaith byddi di'n cyrraedd y Diwedd, bydd yn barod am antur enbyd ac ymladd o ddifri. Mae draig y darfod yn ffyrnig iawn, a does unman i guddio ...

Mae'n dywyll yn y Diwedd, felly mae'n bosib na weli di'r ddraig yn syth. Paid â phoeni – bydd y chwyrnu brawychus a'r llygaid porffor llachar yn dangos ble mae hi'n ddigon buan. Hefyd, bydd yn neidio amdanat ti unwaith bydd yn dy weld.

YSTADEGAU DRAIG Y DARFOD

IECHYD: 200 ♥✕100

NERTH YMOSOD: 6–15 ♥♥♥ – ♥♥♥♥♥♥♥♥

DULL YMOSOD: neidio amdanat a dy daro, a dy niweidio nes dy fod yn marw.

TARDDIAD: yn y Diwedd.

NIWEIDIR GAN: Dim llawer. Nid yw lafa, tân, dŵr na swynion yn effeithio ar ddraig y darfod, a dim ond cleddyfau a saethau sy'n ei niweidio

MAE'N GOLLWNG: CYFRINACHOL

TIP: Bydd arfwisg ddiemwnt yn dy warchod rhag darfodwyr yn ogystal â'r ddraig, a bydd gwisgo pen pwmpen yn rhwystro darfodwyr rhag ymosod arnat ti os edrychi di arnyn nhw.

RHYBUDD: Unwaith rwyt ti yn y Diwedd, fyddi di ddim yn gallu dianc yn fyw heb drechu draig y darfod.

DRAIG Y DARFOD
... PARHAD

WYDDOST TI?
Yn y fersiwn Xbox 360, mae bariau haearn o gwmpas 2 o grisialau'r darfod, sy'n eu gwneud yn fwy anodd i'w dinistrio. Mae'n amhosib eu saethu â bwa a saeth o bell – rhaid dringo'r pileri obsidian.

Cyn i ti feddwl ymosod ar y ddraig, rhaid i ti ddinistrio crisialau'r darfod sydd ar ben y pileri obsidian, am y byddant yn ei gwella.

Saetha nhw â saethau, peli eira neu wyau nes iddynt ffrwydro. Os nad oes gen ti rai, dringa'r ysgolion i ben y pileri.

Nawr, dyma'r rhan anodd: trechu draig y darfod. Ceisia'i saethu â saethau a chadw lygad ar ei bar iechyd i weld pa mor agos wyt ti at ei lladd. **Beth sy'n digwydd os wyt ti'n llwyddo? Wel, dydyn ni ddim eisiau datgelu gormod ...**

TIP: Mae modd defnyddio gwely fel arf yn y Diwedd. Rho'r gwely ar y llawr o dy flaen, a phan ddaw'r ddraig yn ddigon agos, ffugia dy fod am gysgu, yna neidio 'nôl yn gyflym. Bydd y gwely'n ffrwydro yn wyneb y ddraig, ac yn niweidio'i hiechyd.

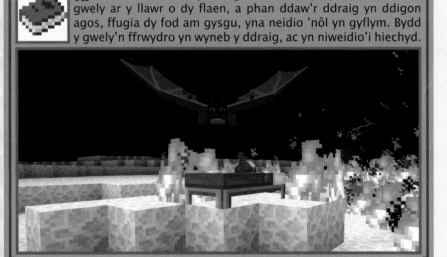

SWYNO

ellir swyno arfau ac arfwisgoedd i gynyddu eu nerth a'u cyrhaeddiad, ac i roi mantais i ti dros dy elynion. Mae sawl ffordd o swyno eitemau.

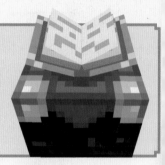

DEFNYDDIO BWRDD SWYNO
Gellir saernïo bwrdd swyno â 4 bloc obsidian, 2 ddiemwnt ac 1 llyfr. Gwna lyfr o 1 darn o ledr (sy'n cael eu gollwng gan wartheg sydd ar fin marw) a 3 darn o bapur (a wneir o 3 darn o ffon siwgr). Fydd dim angen y lledr ar yr Xbox 360 na'r fersiynau poced.

RYSÁIT PAPUR

RYSÁIT LLYFR

RYSÁIT BWRDD SWYNO

Cer at dy fwrdd swyno, rho'r eitem rwyt ti am ei swyno yn y sgwâr gwag a dewis 1 o'r 3 dewis sy'n ymddangos ar y dde. Mae'r dewisiadau wedi'u hysgrifennu yn yr wyddor alaethol safonol, felly fyddi di ddim yn gwybod beth rwyt ti'n ei ddewis nes i'r eitem gael ei swyno. Bydd y rhifau ar ochr dde'r wyddor yn dangos sawl pwynt profiad fydd gofyn i ti eu talu.

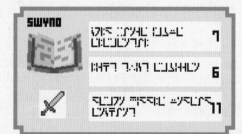

SWYNO ... PARHAD

CYFUNO EITEMAU AR EINION

Gellir defnyddio einion i gyfuno swynau 2 eitem. Bydd yr ail eitem yn colli'i swyn i drwsio'r un gyntaf. Rhaid i'r eitemau fod yr un fath er mwyn i hyn weithio, e.e. 2 gleddyf diemwnt. Rho'r eitem i'w thrwsio yn hollt gynta'r einion, a'r ail eitem yn yr ail hollt. Bydd yr eitem a drwsiwyd yn ymddangos yn yr hollt allbynnu. Rhaid talu â phwyntiau profiad yma hefyd.

CYFUNO Â LLYFR SWYN

Mae modd darganfod llyfrau swyn mewn cistiau mewn cadarnleoedd, dwnsiynau, temlau'r jyngl, temlau'r diffeithwch, pyllau mwyno a phentrefi. Mae modd eu prynu ag emralltau gan lyfrgellwyr pentref NPC (cymeriad nad yw'n chwarae), neu eu gwneud ar fwrdd swyn. I swyno eitem, rho'r llyfr yn hollt aberth dy einion ac ychwanegu'r eitem i'w swyno.

GOFYN I OFFEIRIAD Y PENTREF

Weithiau bydd offeiriad y pentref yn cytuno i swyno eitemau am dâl mewn emralltau. Rho'r eitem a'r nifer angenrheidiol o emralltau yn holltau masnachu'r offeiriad a bydd yr eitem yn ymddangos yn y sgwâr allbynnu. A does dim angen talu mewn pwyntiau profiad chwaith. Gwych!

DIODYDD HUD

Diodydd sy'n cael effaith bositif neu negyddol ar chwaraewr yw'r rhain. O'u defnyddio'n gywir, gallant roi'r llaw drechaf i ti mewn brwydr, felly mae'n werth meistroli'r dulliau sylfaenol.

RYSÁIT STÔL FRAGU

Yn gyntaf, saernïa stôl fragu â ffon fflach-dân a charreg gron. Mae hyn yn anodd, am mai dim ond fflachdanau (creaduriaid a geir yn yr Isfyd mewn cadarnleoedd neu'n agos atynt) sy'n gollwng ffyn fflach-dân. Ow! Cer i dud. 24–29 i weld sut i oroesi yn yr Isfyd.

RYSÁIT PAIR

Yna bydd angen saernïo pair â 7 bar haearn.

RYSÁIT BWCED

Gwna fwced, ei lenwi â dŵr a llenwi'r pair.

RYSÁIT POTEL WYDR

Saernïa boteli gwydr o flociau gwydr. Bydd 3 bloc gwydr yn gwneud 3 potel.

TIP: os wyt ti o ddifri am wneud diodydd hud, bydd angen labordy fel hwn arnat ti. Casgla'r holl offer a'r cynhwysion angenrheidiol mewn man addas yn dy dŷ, dy ganolfan neu dy gaer.

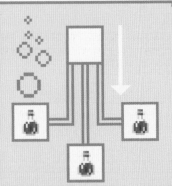

Llenwa 3 potel wydr â dŵr o'r pair a gosod 1 ym mhob hollt yn dy stôl fragu.

RYSÁIT DIOD HUD LETCHWITH

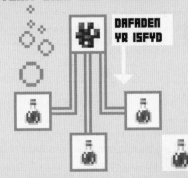

DAFADEN YR ISFYD

Gellir gwneud 3 potel o ddiod hud letchwith drwy ychwanegu dafaden yr Isfyd i ben dy stôl fragu. Ceir y dafadennau ger grisiau yng nghadarnleoedd yr Isfyd. Wnaiff diod hud letchwith ddim byd ar ei phen ei hun, ond mae'n ddefnyddiol o'i hychwanegu at rai eraill. Lletchwith!

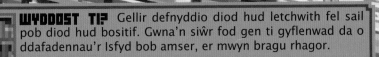

WYDDOST TI? Gellir defnyddio diod hud letchwith fel sail pob diod hud bositif. Gwna'n siŵr fod gen ti gyflenwad da o ddafadennau'r Isfyd bob amser, er mwyn bragu rhagor.

DIODYDD HUD DEFNYDDIOL

Caiff y rhain effaith bositif neu gynorthwyol. Unwaith rwyt ti wedi eu bragu, galli di ddewis diod hud yn dy far brys a'i ddefnyddio i'w hyfed. Bydd angen 4 cynhwysyn sylfaenol arnat ti:

 Powdr fflach-dân: gwneir o ffon fflach-dân a ollyngir gan fflach-danau yn yr Isfyd

 Eli magma: gollyngir gan giwbiau magma yn yr Isfyd, neu ei bragu o bowdr fflach-dân a phelen sleim

 Deigryn ghast: gollyngir gan ghast ar fin marw

 Siwgr: gwneir o ffon siwgr

DIOD HUD NERTH

Gwneir o ddiod hud letchwith a phowdr fflach-dân. Bydd yn cynyddu'r niwed brwydro y galli'i wneud i chwaraewyr neu fobiau.

POWDR TANLLWYTH
+
DIOD HUD LETCHWITH

RYSÁIT POWDR FFLACH-DÂN

Rho ffon fflach-dân yn y grid gwneud i wneud y powdr.

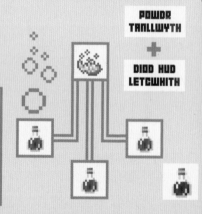

DIOD HUD GWELLA

Gwneir o ddiod hud letchwith a melon pefriol. Bydd yn dy wella os cei dy anafu, ac yn adfer 4 pwynt iechyd am bob diod hud.

MELON PEFRIOL
+
DIOD HUD LETCHWITH

RYSÁIT MELON PEFRIOL

Mae tafell o felon ac 8 lwmp o aur yn creu melon pefriol.

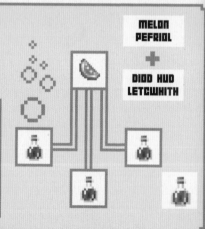

DIOD HUD CHWIMDER

Gwneir o ddiod hud letchwith a siwgr. Mae'n dy alluogi i symud yn gynt, neidio'n bellach a gweld ymhellach.

RYSÁIT SIWGR

Rho ffon siwgr yn y grid gwneud i wneud siwgr.

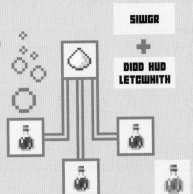

SIWGR

+

DIOD HUD LETCHWITH

DIOD HUD YR ANWELEDIG

Gwneir o ddiod hud letchwith a moronen aur (i wneud diod i weld yn y nos), ac eples llygad corryn (gweler y dudalen nesaf), i wneud yr yfwr yn anweledig.

RYSÁIT MORONEN AUR

Bydd angen 8 lwmp o aur ac un foronen i wneud moronen aur.

MORONEN AUR + **EPLES LLYGAD CORRYN**

+

DIOD HUD LETCHWITH

DIOD HUD ADFYWIO

Gwneir o ddiod hud letchwith a deigryn ghast. Mae'n adfer 18 pwynt iechyd dros amser, trwy adfer 1 pwynt iechyd bob 2.5 eiliad.

DEIGRYN GHAST

+

DIOD HUD LETCHWITH

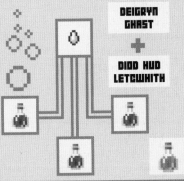

DIODYDD HUD NIWEIDIOL

Galli di ddefnyddio llygaid corryn ac eples llygaid corryn i wneud diodydd niweidiol i'w taflu at dy elynion. (Gweler diodydd sblash gyferbyn.) Gellir cael llygaid corryn drwy ladd corynnod neu gorynnod ogof, ac weithau cânt eu gollwng gan wrachod.

RYSÁIT EPLES LLYGAD CORRYN

Gellir gwneud 1 eples llygad corryn â llygad corryn, madarchen a siwgr. Ych a fi! Nid byrbryd blasus yw hwn!

DIOD HUD NIWEIDIO

Mae dwy ffordd o wneud hon: cyfuno diod hud gwella neu ddiod hud wenwynig ag eples llygad corryn. Bydd yn achosi 6 phwynt niwed i'r gelyn.

EPLES LLYGAD CORRYN
+
DIOD GWELLA / GWENWYNIG

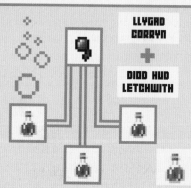

DIOD HUD WENWYNIG

Gwneir o ddiod letchwith a llygad corryn. Bydd yn gwenwyno'r yfwr am 22 eiliad. Mae'r chwaraewr yn colli 1 pwynt iechyd bob 1.25 eiliad nes i'r gwenwyn golli'i effaith, ond bydd hyn yn stopio pan fydd gan y chwaraewr 1 pwynt iechyd ar ôl.

LLYGAD CORRYN
+
DIOD HUD LETCHWITH

DIOD HUD GWENDID

Gellir gwneud hon mewn dwy ffordd: cyfuno diod nerth neu ddiod adfywio ag eples llygad corryn. Bydd y ddiod yn haneru nerth ymladd agos / melee dy elyn am 1 funud 30 eiliad.

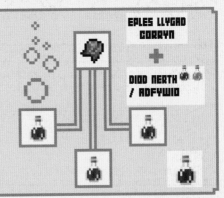

DIOD HUD ARAFWCH

Gwneir mewn dwy ffordd: cyfuno diod wrth-dân neu ddiod chwimder ag eples llygad corryn. Bydd hwn yn arafu gallu cerdded dy elyn i gropian, ac yn lleihau ei bellter neidio am 1 funud 30 eiliad.

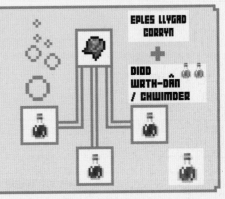

DIOD HUD SBLASH

Diod y gellir ei thaflu yw hon. Gellir troi unrhyw ddiod a fragwyd yn ddiod sblash drwy ei chyfuno â phowdr gwn. Mae diodydd ag effaith negyddol o'u cyfuno â phowdr gwn yn creu diodydd sblash y galli di eu defnyddio fel arfau. Ar ôl i ti eu bragu, rho nhw yn dy far brys a tharo'r botwm defnyddio i'w taflu at dy elynion.

CHWARAEWR YN ERBYN CHWARAEWR

Dull aml-chwarae yw PVP (chwaraewr yn erbyn chwaraewr), a galli frwydro yn erbyn chwaraewyr eraill. Galli di ymosod ar dy elynio ar ben dy hun neu greu timau. Mae'n lot fawr o hwyl!

TREFN

Mae PVP Trefn yn cyfeirio at PVP rwyt ti wedi dewis cymryd rhan ynddo. Os wyt ti'n ymuno â gweinydd PVP penodol, neu'n trefnu gêm PVP gyda dy ffrindiau, rwyt ti'n chwarae PVP Trefn. Lleolir llawer o gemau PVP Trefn mewn arenas penodol, sy'n cael eu hadeiladu yn y modd Creadigol fel arfer. Wedyn, mae'r gwesteiwr yn newid natur y gêm i Goroesi ac yn agor y gweinydd i chwaraewyr eraill.

ANRHEFN

Mae PVP Anrhefn yn cyfeirio at achlysuron pan fydd rhywun yn ymosod arnat ti'n annisgwyl. Dychmyga dy fod yn crwydro'n braf drwy'r goedwig, yna'n sydyn, mae chwaraewr arall yn dy daro yn dy gefn â chleddyf diemwnt swyn, ac yn dy ladd mewn eiliadau. Dyna PVP anhrefn. Sôn am gyllell yn dy gefn!

AML-CHWARAEWR

PAUL SOARES JR:
Arbenigwr Minecraft yw Paul, y cyntaf i greu gwersi Minecraft ar YouTube. Ers 2010, mae dros 800,000 o bobl wedi tanysgrifio i'w fideo cyntaf, *How to Survive Your First Night*. Cer i'w sianel am ragor o awgrymiadau ymladd!
youtube.com/paulsoaresjr

Mae chwarae Minecraft gyda dy ffrindiau a dy deulu'n lot o hwyl. Gallwch chi helpu'ch gilydd i oroesi, creu tîm i fynd ar antur fawr, rhannu prosiectau adeiladu creadigol a thynnu coes. Mae'r posibiliadau'n ddi-ben-draw!

I chwarae yn null aml-chwarae ar y Fersiwn Poced, bydd angen signal ddiwifr ar dy ddyfais er mwyn iddi gael ei 'gweld' gan ddyfeisiau lleol eraill. Dewisa aml-chwarae, a naill ai dechrau gêm newydd ac aros i ffrindiau ddod o hyd i ti, neu ddewis gêm a chwilio am dy ffrindiau.

Os wyt ti eisiau chwarae amlchwarae ar Xbox 360, bydd angen aelodaeth Xbox Live Gold arnat ti. Galli di wedyn chwarae gyda hyd at 8 o bobl eraill, ond byddi di'n methu mynd at weinydd fersiwn PC / Mac. Galli di drio chwarae yn null sgrin-hollt gyda 3 chwaraewr arall ar yr un Xbox.

AML-CHWARAEWR
AR GYFER FERSIWN PC / MAC

Mae aml-chwarae ar y fersiwn PC / Mac yn hwyl, am fod modd chwarae mewn grwpiau llawer mwy. Mae gen ti dri opsiwn:

1. SEFYDLU DY WEINYDD PENODOL DY HUN

ANGEN LEFEL GICRWYDD GO UCHEL

Rhaglen weinyddol arbenigol Minecraft sy'n rhedeg ar gyfrifiadur yw'r gweinydd penodol. Mae'n caniatáu i bobl eraill gysylltu ag e o unrhyw le yn y byd, bron. Enw'r cyfrifiadur hwn yw'r 'gwesteiwr', a rhaid i ti roi dy gyfeiriad rhyngrwyd IP i'r bobl rwyt ti'n caniatáu iddynt chwarae. Dylai'r gwesteiwr fod yn beiriant eithaf newydd er mwyn i bawb gael y profiad chwarae gorau posibl.

Gellir lawrlwytho rhaglen weinydd Minecraft am ddim o wefan swyddogol Minecraft (minecraft.net), a dilyn y cyfarwyddiadau.

2. AGOR DULL BYD UN-CHWARAEWR MEWN BYD LAN

ANGEN SGILIAU CYFRIFIADUR SYLFAENOL

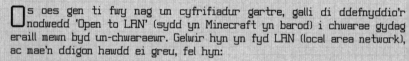

Os oes gen ti fwy nag un cyfrifiadur gartre, galli di ddefnyddio'r nodwedd 'Open to LAN' (sydd yn Minecraft yn barod) i chwarae gydag eraill mewn byd un-chwaraewr. Gelwir hyn yn fyd LAN (local area network), ac mae'n ddigon hawdd ei greu, fel hyn:

1. Agor map byd un-chwaraewr a gwasgu botwm 'escape'.

2. Clicio botwm 'Open to LAN'.

3. Dewis 'Player Settings' ar gyfer y sesiwn, e.e. 'Game Mode' ac 'Allow Cheats'.

4. Clicio 'Start LAN World'.

Nesa, ar gyfrifiaduron eraill ar dy rwydwaith leol, rheda Minecraft, dewis 'Multiplayer', a dylai dy fyd LAN ymddangos. Dewis e, gwasgu botwm 'Join Server' a dechrau chwarae!

3. CHWARAE AR WEINYDD NEU RWYDWAITH AR-LEIN PENODOL

GALLAI MOCHDDYN SOMBI WNEUD HYN

Os nad wyt ti eisiau rhedeg dy weinydd dy hun, ac nad oes ots gen ti chwarae â dieithriaid, galli di ymuno â gweinydd ar-lein parod. Gwasga 'Multiplayer', 'Add Server' a rhoi cyfeiriad y gweinydd i mewn. Dyna'r rhan hawdd.

Y rhan anodd yw dewis pa weinyddion i'w hychwanegu. Mae miloedd i ddewis rhyngddynt, ac mae gan bob un ei reolau penodol, ei ddull chwarae a'i chwaraewyr. Ceisia chwilio cronfeydd data ar-lein, fel minecraftservers.net, i weld y dewisiadau. Ceir hysbysebion i recriwtio chwaraewyr newydd ar fforymau Minecraft poblogaidd fel minecraftforum.net a punchwood.com.

Cofia, dydy Mojang na Rily ddim yn monitro'r safleoedd hyn, felly bydd yn ofalus. (Gweler tud. 6 am gyngor diogelwch ar-lein.)

Digwyddiad gwyliau ar weinydd teulu preifat Paulsoaresjr.

RHESTR WIRIO CYN BRWYDR

Wyt ti eisiau aros yn fyw cyhyd â phosib yn ystod PVP Trefn? Os wyt ti, rhaid bod yn gall ac yn drefnus. Defnyddia'r rhestr hon wrth baratoi i frwydro.

 TIP: llunia system i restru cynnwys dy storfa, a sicrhau bod eitemau bwyd, arfau, diodydd hud ac ati'n cael eu cadw mewn gwahanol ardaloedd. Bydd hyn yn dy helpu i'w symud i dy far brys yn gyflym ar ganol brwydr.

☐ Set arfwisg gyflawn (haearn, o leiaf) â swyn arni – un amddiffyn neu ddad-dorri.

☐ O leiaf 2 gleddyf â swynion arnynt – rhai miniogrwydd, taro a dadbwnio.

☐ Bwa wedi'i swyno ac o leiaf 20 saeth.

☐ TNT

☐ Bwced lafa

☐ Bwced ddŵr

☐ Fflint a dur

☐ Diod hud sblash wenwynig

☐ Diod hud sblash gwendid

☐ Diod hud sblash niweidiol

☐ Diod hud yr anweledig

☐ Diod hud gwella

☐ Diod hud adfywio

☐ Cawl madarch (gweler tud. 55)

☐ Cig eidion wedi'i goginio

☐ Afalau aur, sy'n adfer pwyntiau bwyd yn ogystal â rhoi Adfywiad II i ti am 5 eiliad ac Amsugno am 2 funud.

 Wrth chwarae PVP, gwna'n siŵr dy fod wedi storio popeth gwerthfawr mewn cist yn dy ganolfan. PAID â mynd â nhw gyda ti, neu byddi di'n gorfod eu rhoi i'r chwaraewr sy'n dy ladd. Cuddia'r gist o dan y llawr er mwyn ei gwarchod rhag ysbeilwyr.

STRATEGAETH Y FRWYDR

Mae pob ymladdwr profiadol yn gwybod mai strategaeth yw popeth pan ddaw hi i'r frwydr. I gael y llaw drechaf, rhaid cynllunio a meddwl yn ofalus – nid mater o ddinistrio pobl yn unig yw hi.

Gallet ti redeg i ganol brwydr gan geisio taro pawb a phopeth, ond byddi di'n fwy llwyddiannus o ddefnyddio'r awgrymiadau yma:

Llunia fap cyn gynted â phosib, i gadw cofnod o dy leoliad di a lleoliad chwaraewyr eraill. Cer i dir uwch i weld ymhellach a medru neidio ar chwaraewyr odanat ti.

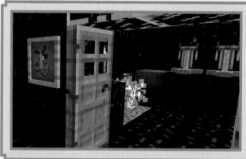

Chwilia am fan addas i adeiladu dy ganolfan. Ceisia gàdw draw wrth chwaraewyr eraill. Yn yr awyr a than y ddaear yw'r llefydd anoddaf i dy elynion dy ddarganfod. Defnyddia'r deunydd cryfaf posib. Obsidian sydd orau!

Sleifia at dy elynion o'r tu ôl i roi braw iddyn nhw, yna defnyddia'r dechneg straffio i'w hamgylchynu. Mae'n fwy anodd iddyn nhw dy dargedu di fel hyn.

Cadw dy law'n wag nes dy fod wyneb yn wyneb â gelyn, yna dewis dy arf. Bydd hyn yn ei dwyllo. Ceisia daro gyntaf i leihau pwyntiau iechyd dy elyn yn syth.

Os galli di orfodi dy elyn i mewn i ddŵr, bydd yn arafu, a rhoi'r blaen i ti.

Mae rhedeg at dy elyn a'i daro (rhed-daro) yn dy alluogi i'w daro'n bellach am yn ôl. Ceisia daro a blocio'r un pryd (bloc-daro). Mae hyn yn niwedio'r gelyn ac yn lleihau niwed i ti. Bydd neidio a tharo dy elyn yr un pryd yn ei niweidio'n ddifrifol. Trawiad enbyd yw enw hwn.

Rho gynnig ar gawlio madarch! Rho gleddyf yn hollt gyntaf dy far brys a chawl madarch yn yr 8 arall. Pan fydd dy iechyd wedi lleihau i'r hanner, bloc-drawa tra wyt ti'n bwyta'r cawl. Bydd dy iechyd yn cael ei adfer!

YMLADDFAN Y GAER

GAN FYREUK

Wrth i ti ddysgu Ffordd yr Ymladdwr, mae'n bryd i ti barato ymladdfan i brofi dy sgiliau ymladd newydd! Mae caer yn lle delfrydol i gynnal y frwydr epig honno.

Mae'r gaer hon gan FyreUK yn ymladdfan ardderchog sy'n cynnwys saw nodwedd effeithiol. Tro'r dudalen i weld sut i greu rhai o'r rhain.

FYREUK: Mae tîm adeiladu FyreUK yn arbenigo mewn adeiladau enfawr, manwl iawn yn Minecraft. Mae'n anodd credu pa mor fawr yw ambell adeilad. Edrych arnyn nhw ar YouTube: **youtube.com/fyreuk**

NODWEDDION CAER

Sylwaist ti ar y cyflenwyr ar ail lefel y tŵr? Maen nhw'n llawn saethau, ac yn wynebu'r mynedfeydd. Platiau pwysau y tu ôl iddyn nhw sy'n eu cychwyn. Nawr galli di saethu at chwaraewyr sy'n ymosod ac aros dan gudd yr un pryd. (Gweler tud. 11 am rysáit cyflenwr.)

Ychwanega dywod enaid i arafu chwaraewyr mewn mannau agored (ceir y tywod yn yr Isfyd.) Rho fe yma ac acw i roi cyfle i chwaraewr crefftus neidio drwyddo, neu osod haen solet i orfodi chwaraewyr i deithio o'i gwmpas.

FFOS LAFA

Dŵr fyddai'n llenwi ffos castell yn draddodiadol, ond pa hwyl sydd yn hynny? Llenwa'r ffos â lafa yn ei le, a fydd dim gobaith gan dy elynion. Bydd angen sawl bwcedaid o lafa i lenwi ffos o faint hon. Dalia i arllwys lafa nes i'r ffos lenwi.

Fel arall, llenwa'r ffos â chacti wedi'u gosod mor agos â phosib at ei gilydd. Gallet ti greu mynedfa ddirgel i'r gaer yn wobr i unrhyw chwaraewr sy'n llwyddo i'w chyrraedd.

 TIP: Bydd yn ofalus wrth ddefnyddio lafa os oes gen ti waliau neu bont godi bren – dwyt ti ddim am gael dy nabod fel y Chwaraewr a Losgodd ei Gaer ei Hun. Cofia gadw bwcedaid o ddŵr yn dy far brys bob amser rhag argyfwng.

TRAP CWYMP HIR
GAN CNB MINECRAFT

Mae'r trap hwn yn anweledig ac mae bron yn amhosib dianc ohono! Er y gall edrych fel drws haearn diniwed â phlatiau pwysau, trap yw e, a all beri i chwaraewr ddisgyn yn bell i lawr i haen y graig waelodol.

DEUNYDDIAU ADEILADU

CNB MINECRAFT: mae Nick Farwell, sef CNB Minecraft, yn ddewin redstone. Gall adeiladu popeth, o gloc digidol i drap mob.

1

Bydd angen drws arferol ar gyfer y trap. Dylai gynnwys un drws a phlât pwysau bob ochr iddo, ond paid â gosod y platiau pwysau eto, am dy fod ar fin palu twll dwfn iawn!

2

Pala dy dwll yn union o flaen y drws, i o leia 20 bloc o ddyfnder. Cofia'r Brif Reol – paid byth â phalu'n syth i lawr. Pala dwll 2 x 1 er mwyn gweld beth rwyt ti'n ei balu tra wyt ti'n sefyll ar y bloc arall.

3

Cliria floc maint 4 x 2 x 3 wrth ochr y drws ar gyfer y gylched redstone fydd yn pweru'r trap. Ar ben yr ardal glir, rho un piston gludiog i wynebu'r twll. Gwna'r un peth yn y gwaelod a gosod bloc o flaen y ddau biston.

4

Gwna'n siŵr fod y bloc o flaen y piston top yn cyd-fynd â gweddill y tir er mwyn ei guddio. Rho floc gwlân glas rhwng 2 biston gludiog. Rho dortsh redstone ar ochr chwith y bloc hwn, gosod bloc arferol uwchben y tortsh a darn o lwch redstone odano. Bydd y tortsh redstone yn pweru'r pistonau a'u gwthio allan.

5

Ychwanega un piston arferol sy'n wynebu'r ffordd arall i'r 2 gyntaf, ar ochr dde'r bloc gwlân glas. Rho ddarn arall o lwch redstone y tu ôl i'r piston hwn.

6

Llanwa weddill y twll, yna gorchuddia'r top â dy fur, a gosod y platiau pwysau bob ochr i'r drws. Bellach, yr unig ran weladwy o'r trap yw un ochr y piston top. Fel arfer, bydd y drws yn rhan o wal, felly bydd wedi'i guddio'n llwyr. Bydd y person nesaf sy'n ceisio mynd i mewn yn cael sioc, ac yn cwympo'n bell iawn …

TRAP COEDEN FFRWYDROL
GAN CNB MINECRAFT

Mae'r trap syml, clasurol hwn yn ffordd wych o chwarae tric ar dy ffrindiau ar weinydd aml-chwaraewr. Strocen y trap yw ei fod yn dibynnu ar angen sylfaenol chwaraewyr eraill i gasglu pren. Athrylithgar!

Mae'r trap yn gweithio drwy danio TNT pan fydd chwaraewr yn ceisio cynaeafu boncyff coeden. Ti sy'n dewis faint o TNT i'w ddefnyddio, ond mae'r 12 bloc yn y llun yn fwy na digon i wneud niwed mawr!

DEUNYDDIAU ADEILADU

1

Dewis goeden. Derwen sydd fan hyn, ond mae unrhyw un yn gwneud y tro. Dewis un sy'n debygol o gael ei thorri i lawr e.e. un ger canolfan chwaraewr arall.

2

Cloddia ofod o dan y goeden i osod y TNT a'r gylched danio. Bydd angen iddo fod yn 2 floc i lawr, 5 o led a 5 o hyd. Gosoda'r boncyff yn y canol.

3

Tynna floc gwaelod y boncyff allan, gosod un darn o lwch redstone yn union o dan y goeden, yna rhoi blociau gwlân glas o'i gwmpas. Rho lifer o dan floc nesa'r boncyff, yn barod i'w ryddhau. Bydd y lifer yn darparu pŵer i'r llwch redstone.

TRAP COEDEN FFRWYDROL
... PARHAD

4

Rho dortshys redstone ar ochr allanol pob bloc gwlân. Bydd y rhain yn tanio'r TNT wrth i'r lifer gael ei daro oddi ar y boncyff.

5

Nawr am yr hwyl – ychwanegu'r TNT! Mae angen 3 bloc o TNT ym mhob cornel yn y twll.

6

I orffen, gorchuddia'r twll â blociau pridd (neu unrhyw floc sy'n gweddu i'r tir) i'w guddio.

7

Y cyfan sydd angen nawr yw i ti aros i chwaraewr arall ddechrau torri coed!

CANON TNT
GAN CNB MINECRAFT

TNT yw tarddiad pŵer y canon mawr hwn, sy'n tanio blociau TNT hefyd. Gall achosi dinistr epig, ac mae'n effeithiol iawn fel arf, yn enwedig os wyt ti eisiau ffrwydro canolfan y gelyn.

DEUNYDDIAU ADEILADU

13   4   4   6   1   3

1   1   1   20   1

1

Adeilada ffrâm siâp U o flociau gwlân a chyflenwyr, 1 bloc uwch lefel y ddaear. Dylai fod yn 6 bloc o hyd a 3 o led, a dylai'r dosbarthwyr wynebu canol y siâp U.

2

Ychwanega 3 bloc gwlân at flaen y siâp U, fel yn y llun. Bydd y rhain yn help i lywio pêl y canon TNT. Ychwanega un cyflenwr arall yn wynebu'r golofn flociau gwlân.

CANON TNT

... PARHAD

3

Rho 3 bloc gwlân gwyrdd golau yng nghanol y siâp U i greu gwely'r canon. Dylent fod ar lefel y ddaear, 1 bloc yn is na'r blociau glas.

4

Rho bostyn ffens a phlât pwysau ar flaen y canon. Gosoda ddŵr yng nghefn y gwely canolog er mwyn iddo lifo tuag at y plât pwysau.

5

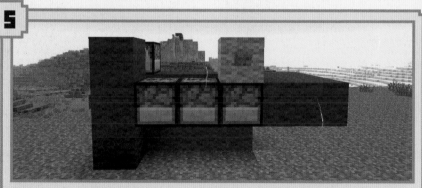

Taena lwch redstone dros ben y 2 gyflenwr cyntaf ar hyd ochr y canon. (Os wyt yn defnyddio PC / Mac, dal 'shift' a chlic dde i osod y llwch redstone yn ei le.) Yna gosod floc gwlân pinc uwchben y trydydd cyflenwr a rhoi botwm carreg wrth ei ochr.

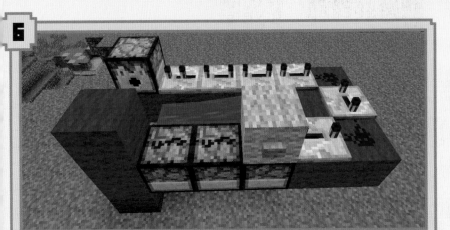

Rho 6 ailadroddwr yn eu lle (gweler y llun). Gwna'n siŵr eu bod yn wynebu'r ffordd iawn – astudia'r llun yn ofalus. Gosod bob ailadroddwr i oedi am 4 tic, heblaw'r un sy'n wynebu'r cyflenwr unigol. Gosod hwnnw i oedi am 2 dic. Yna rho 2 ddarn o lwch redstone i gysylltu popeth at ei gilydd.

Llenwa'r cyflenwr â TNT a rho gynnig arni!

ADEILADU
CANOLFAN EPIG

Dylai dy ganolfan fod mor ddiogel â phosib er mwyn dy gadw di a dy eiddo'n ddiogel. Ond os wyt ti eisiau iddi fod yn wirioneddol epig, bydd angen i ti adeiladu rhywbeth sy'n edrych yn ddigon brawychus i wneud i dy elynion ffoi am eu bywyd! Dilyna'r awgrymiadau hyn i greu canolfan wirioneddol epig.

LLEOLIAD

Adeilada dy ganolfan ar dir uchel, nid mewn pant. Bydd hyn yn rhoi mantais i ti dros elynion am y byddi di'n gallu'u gweld nhw'n dod, a'u hatal rhag dy drechu'n annisgwyl oddi uchod.

DEUNYDDIAU

Defnyddia friciau o'r Isfyd i'w hadeiladu. Bydd dy elynion yn gwybod wedyn dy fod wedi goroesi yn yr Isfyd yn ddigon hir i gasglu llawer o adnoddau – arwydd dy fod yn gryf iawn. Ac mae briciau'r Isfyd yn gwrthsefyll tân, felly mae'n dda mewn cylch brwydro.

RAG YR ISFYD TANLLYD

Defnyddia rac yr Isfyd i greu blociau o dân sy'n arnofio bob ochr i'r fynedfa. Dyna neges gref – buest ti yn yr Isfyd AC rwyt ti'n hoffi tân? Peryglus!

LAFA

Defnyddia lafa ble bynnag y galli di. I greu llif i lawr ochrau'r ganolfan, gosod 4 bloc o friciau'r Isfyd mewn siâp croes, yna defnyddio bwced lafa i roi lafa yn ei chanol. Bydd hon yn ffynnon lafa ddi-ben-draw.

DIOGELWCH

Defnyddia fariau haearn mewn ffenestri yn lle gwydr. Mae'n fwy anodd i'w dinistrio, a byddi di'n dal yn gallu gweld dy elynion yn dod. Mae bariau haearn yn flociau solet hefyd, felly all saethau ddim â phasio drwy'r bylchau, a byddi di'n ddiogel.

RYSÁIT BAR HAEARN

16

Gellir saernïo 16 bar haearn o 6 ingot haearn.

TRAP DRWS

Gwna drap drws i dwyllo unrhyw ysbeilwyr sy'n dod i'r porth. Mae trap cwymp hir gwych ar dud. 60-63.

YSBEILIO CANOLFANNAU

Mae ysbeilio canolfan y gelyn yn lot o hwyl. Mae'n darparu mwy o adnoddau i ti, ac yn lleihau gallu'r gelyn, gan leihau'r bygythiad. Dyma sut i wneud hyn yn iawn.

AMSERU

Rhaid ymosod yn y nos. Mae'r tywyllwch yn gyfaill i ysbeilwyr.

CYNLLUNIO

Cofia wylio'r ardal cyn ymosod. Pwy sydd yno? Sut alli di fanteisio ar y dirwedd?

TÎM TAG

Dewis ffrind i fynd gyda ti – mae dau ben yn well nag un.

OFFER

Cer â'r offer cryfaf sy gen ti. Mae caib ddiemwnt â swyn arni'n berffaith, am y gelli gloddio blociau caled fel obsidian yn gyflym. Cofia fynd â rhai sbâr.

GELYN DY ELYN

Os oes creepers o gwmpas, dena nhw at y ganolfan. Fe allen nhw dy helpu i ffrwydro'r wal allanol, am ddim.

DIODYDD HUD SBLASH
Caria'r rhain i ymosod mewn argyfwng.

IECHYD
Cer â bwyd i adfer dy fariau iechyd a llwgu.

PROFI DY SGILIAU AR
FAP ARBENNIG GAN FYREUK

Rwyt ti wedi meistroli crefft ymladd erbyn hyn, ac mae'n bryd i ti godi dy gleddyf, gwisgo dy helmed a darganfod ai ti yw ymladdwr gorau Minecraft! Dyma'r map perffaith ar dy gyfer di.

Remnant yw hwn – un o fapiau arbennig Survival Games FyreUK. Mae Survival Games yn fwy na brwydro gelyn yn unig – rhaid goroesi yn y dirwedd hefyd. O fewn map Remnant, fe weli di bentrefi bach, templau ac ardaloedd cudd ble mae cistiau'n llawn eitemau defnyddiol. Dy nod yw casglu'r eitemau yma, brwydro chwaraewyr eraill y map ac ennill.

CISTIAU
Dere o hyd i'r cistiau'n gyflym a chipio'r eitemau i ennill mantais dros chwarewyr eraill.

RYSEITIAU
Cofia dy ryseitiau, yn enwedig rhai saernïo cleddyf, bwa a saeth ac arfwisg. Gall bwa a saeth fod yn ddefnyddiol iawn ar fap mawr, gan dy fod yn gallu lladd gelyn o bell â nhw.

SLEIFIO
Defnyddia'r modd sleifio i gyrcydu a chuddio dy enw rhag chwarewyr eraill (gwelir dy enw uwch dy ben mewn aml-chwarae a gellir ei weld drwy flociau).

EITEMAU GWERTHFAWR

Fydd dim angen rhedeg yn bell o'r man cychwyn i ddod o hyd i'r rhain ar fap Remnant. Mae nifer fawr o lwybrau cudd a chyntedd cymhleth fel drysfa y tu mewn i'r deml ganolog, a thrysorau lu ynddynt.

CORIDORAU

Cymer ofal mewn mannau cyfyng – gall dy elyn dy gornelu. Mae sawl brwydr gynnar yn digwydd mewn coridorau.

Defnyddwyr PC / Mac: hoffet ti roi cynnig ar greu dy fap Remnant dy hun? Mae modd ei lawrlwytho o minecraft.egmont.co.uk.

Am ragor o fapiau arbennig i'w lawrlwytho, cer i PlanetMinecraft (www.planetminecraft.com).

(Gweler tud. 6 am gyngor diogelwch ar-lein.)

LLWYDDIANNAU

Mae Minecraft yn nodi dy lwyddiannau pan wyt ti'n chwarae fersiwn PC / Mac a fersiwn Xbox 360. Dyma ambell nod brwydro allweddol ti anelu at ei gyrraedd.

FERSIWN PC / MAC:

 AMSER TARO!
Defnyddia blanciau a ffyn i wneud cleddyf.

 Y DIWEDD?
Darganfod lleoliad y Diwedd.

 HELIWR BWYSTFIL
Ymosod ar fwystfil a'i ddinistrio.

 Y DIWEDD
Trechu draig y darfod.

 SAETHWYR CUDD
Lladd sgerbwd neu sgerbwd wither â saeth o bellter o dros 50 metr.

 GOR-LADD
Gwneud gwerth 8 calon o niwed mewn un trawiad.

 MYND YN DDYFNACH
Adeiladu porth i'r Isfyd.

 Y DECHRAU?
Creu'r wither.

 NÔL AG E!
Dinistrio ghast â phelen dân.

 Y DECHRAU
Lladd y wither.

FERSIWN XBOX 360:

AMSER TARO!
Defnyddia blanciau a ffyn i wneud cleddyf.

HELIWR BWYSTFIL
Ymosod ar fwystfil a'i ddinistrio.

I'R ISFYD
Adeiladu porth i'r Isfyd

DOLENNI DEFNYDDIOL

longyfarchiadau! Rwyt ti wedi cyrraedd diwedd *Llawlyfr Ymladd Minecraft*, sy'n golygu dy fod yn ymladdwr brawychus nawr. Gwell i dy elynion fod yn wyliadwrus!

sod mae rhestr o wefannau defnyddiol. Byddan nhw'n gallu gwella dy giliau Minecraft i lefel uwch eto. (Saesneg yn unig.)

Gwefan swyddogol Minecraft:
www.minecraft.net

Gwefan swyddogol Mojang:
www.mojang.com

Wiki Minecraft:
www.minecraftwiki.net

Tudalen swyddogol Facebook:
www.faccebook.com/minecraft

Sianel YouTubeTîm Mojang:
www.youtube.com/teammojang

Tudalen swyddogol Minecraft ar Twitter
twitter.com/mojangteam

Tudalen swyddogol Jeb ar Twitter:
twitter.com/jeb_

Gwefan Minecraft Egmont:
minecraft.egmont.co.uk

Dyma ambell safle Minecraft arall, ond dydy Rily, Mojang ac Egmont ddim yn eu monitro. Bydd yn ofalus!

Gwybodaeth fanwl am weinyddion:
minecraftservers.net

Pecynnau gwead:
www.minecrafttexturepacks.com

Minecraft ar Reddit:
www.reddit.com/r/Minecraft/

Sianel YouTube Paul Soares Jr:
www.youtube.com/paulsoaresjr

Sianel YouTube FyreUK:
www.youtube.com/fyreuk

Gweler tud. 6 am gyngor diogelwch ar-lein.)